BEI GRIN MACHT SICH IHR WISSEN BEZAHLT

- Wir veröffentlichen Ihre Hausarbeit, Bachelor- und Masterarbeit

- Ihr eigenes eBook und Buch - weltweit in allen wichtigen Shops

- Verdienen Sie an jedem Verkauf

Jetzt bei www.GRIN.com hochladen und kostenlos publizieren

Madleen Wendt

"Brand im Weinberg" von Gerd Gaiser. Kurzgeschichten-
analyse

GRIN Verlag

Bibliografische Information der Deutschen Nationalbibliothek:

Die Deutsche Bibliothek verzeichnet diese Publikation in der Deutschen National-
bibliografie; detaillierte bibliografische Daten sind im Internet über http://dnb.d-
nb.de/ abrufbar.

Impressum:

Copyright © 2011 GRIN Verlag GmbH
Druck und Bindung: Books on Demand GmbH, Norderstedt Germany
ISBN: 978-3-656-58062-1

Dieses Buch bei GRIN:

http://www.grin.com/de/e-book/267779/brand-im-weinberg-von-gerd-gaiser-kurz-
geschichtenanalyse

<u>Analyse und Interpretation der Kurzgeschichte „Brand im Weinberg" von Gerd Gaiser</u>

Die Kurzgeschichte „Brand im Weinberg" von Gerd Gaiser handelt von einem ehemaligen Kriegsgefangenen namens Oberstelehn, der nach dem Krieg in seine ehemalige Heimat zurückkehrt, wo er Neß Kämmerer, eine frühere Geliebte, trifft und mit der Unordnung und Zerstörung, die im Nachkriegsdeutschland herrscht, konfrontiert wird.

Die Handlung setzt unvermittelt mit der Ankunft von Oberstelehn in seinem Heimatdorf ein. Nach einer Exposition, in der Oberstelehns Erinnerungen an seine Vergangenheit und Vorgeschichte geschildert werden, setzt die eigentliche Handlung ein, in der er seine Jugendliebe Neß Kämmerer trifft. Den Mittelteil der Kurzgeschichte bildet das Gespräch der beiden in der Gartenhütte von Neß, an welches sich der Höhepunkt, der Brand des Häuschens, und der Wendepunkt anschließt. Die Kurzgeschichte endet offen mit Oberstelehns fluchtartigen Verlassens des Dorfes.

Im Folgenden soll nun genauer auf den Inhalt der Kurzgeschichte eingegangen werden: Im Herbst 1945, gerade aus der fränkischen Kriegsgefangenschaft entlassen und auf der Durchreise in seinem ehemaligen Heimatdorf angekommen, trifft Oberstelehn zwei Arbeiter, von denen er erfährt, dass ihm die Menschen, die dort leben fremd sind, da seine alten Bekannten alle fortgezogen oder verstorben sind. Nur Neß Kämmerer, eine alte Freundin, die er am Stadtrand trifft, ist ihm noch bekannt. Sie unterhalten sich und gehen mit dem Versprechen auseinander, sich noch einmal zu treffen. Oberstelehn kehrt daraufhin nicht zur Stadt zurück, sondern wandert zu dem Weinberg, wo das Gartenhaus von Neß' Vater steht. Neß, die ihn bemerkt, als er das Häuschen beobachtet, bittet ihn herein, worauf sie sich über die Vergangenheit, ihre jeweilige Situation und ihre Ziele unterhalten und Wein trinken. Angetrunken geht Oberstelehn auf die Terrasse hinaus und wird dort Zeuge einer Kuh, was er allerdings wegen des Alkoholrauschs als heidnisches Ritual wahrnimmt. Er erwacht aus seiner Trance, als er Geräusche eines Überfalls vernimmt, denen er folgt und dabei die Gestalt des Niedergeschlagenen bemerkt. Nachdem er seine Hilfe anbietet, die jedoch unhöflich abgelehnt wird, kehrt er zurück zur Hütte, wo er Neß tröstet, die den Vorfall beobachtet hat und ihn bittet, sie zum Dorf zurückzubegleiten. Als sie sich auf dem Heimweg noch einmal umdrehen, sehen sie, dass das Gartenhaus brennt, was sie ohne Anteilnahme zur Kenntnis nehmen und ihren Weg fortsetzen. Durch einen Erntewagen am Wegesrand werden Erinnerungen an ihre frühere Gemeinsamkeit geweckt. Oberstelehn ist jedoch der Ansicht, dass Vergangenes nicht nachgeholt werden kann. Im Dorf verabschiedet er sich von Neß, die erkennt, dass es für immer ist. Am nächsten Morgen erfährt er im Gasthaus, dass der Brand vermutlich von einem Dieb gelegt worden ist. Da ihn im Dorf nichts mehr hält, setzt er seine Wanderschaft fort.

Das Erzählverhalten der Kurzgeschichte ist personal-neutral. Auf der einen Seite wird in der dritten Form Singular aus der Sicht von Oberstelehn erzählt: „Er trank dem Mädchen zu, noch einmal erschien sie ihm lieb und schön; […]". Es werden zwar Vorgänge aus der Wahrnehmung Oberstelehns berichtet, jedoch werden andererseits die Gespräche ohne Zwischenbemerkungen, wie protokolliert, wiedergegeben: „Das bist ja du. Wie hast du heraufgefunden? – Ja siehst du, ich hatte gar nichts im Sinn, […] da kam ich. – Komm nur herein, sagte Neß. Oder hast du anderes vor. – Eigentlich bin ich im Leven eingeladen".

Sprachlich betrachtet fällt auf, dass Gerd Gaiser seine Kurzgeschichte kunstvoll mit vielen rhetorischen Mitteln ausschmückt, Zum Beispiel benutzt er häufig dreigliedrige Ausdrücke: „[…] rodeten, schippten und warfen Löcher zu". Ein weiteres Mittel ist die Akkumulation, die der Autor zum Beispiel hier anwendet: „Inmitten all der eingerutschten Würden und verlorenen Beherrschungen, der Betteleien und Herzlosigkeiten, der Unduldsamkeiten und scheelen Ausflüchten, des Haderns, Misstrauens und Tretens eines gegen den anderen, […]". Hier werden mit zahlreichen Begriffen die Unordnung und die allgemeine Situation zwischen den Menschen nach dem Krieg beschrieben. Die aneinandergereihten Bezeichnungen haben eine erschütternde Wirkung. Des Weiteren schmückt der Verfasser kunstvoll einfach Vorgänge in der Natur aus: „da gewahrte er wenig hinter sich Licht, das honigfarben im laubigen Gerank sich fing". Gleichzeitig findet sich im zitierten Satz eine Inversion, eine Umkehrung der geläufigen Satzstellung, die gleichfalls häufige Anwendung findet. Durch die schmuckvolle Beschreibung der Natur wird der Leser durch die dadurch entstehende Anschaulichkeit mitten ins Geschehen versetzt. Weitere rhetorische Mittel finden sich vor allem im mittleren Teil, in dem Oberstelehn Zeuge des Rituals wird. So zum Beispiel lassen sich Wiederholungen („Schatten. Schatten") und Anapher („nach Obst, nach Quendelein, nach erhitzten Steinmäuerchen, nach Drusch, […]"), Personifikationen („trafen sich Geister sich mit Geist und Lust mit Lust") feststellen. Ferner werden Metapher utilisiert, wie zum Beispiel hier: „Der Himmel […] in undurchdringliches Schwarz gebadet". Auch viele Vergleiche lassen sich finden: „Kerzen gleich Glühkäfern Lichter". Besonders auffällig sind bestimmte Sätze oder Redewendungen, die die Personen im Verlauf der Erzählung beständig wiederholen. So sagt Oberstelehn des Öfteren: „Götter, Heiden und Wieland" und außerdem ein paar Male: „Es kommt nicht so darauf an", was seine Unentschlossenheit und Ruhelosigkeit zeigt: Er weiß nicht, was mit sich anzufangen; ihm ist es egal, was er wann tut.

Eine weitere bedeutende Wiederholung äußert Neß: „Es ist eben alles anders", womit sie sozusagen die Kernaussage des Textes wiederholt, nämlich, dass sich nach einem Krieg Umfeld und Menschen verändern.

Weiterhin fällt auf, dass die vorliegende Kurzgeschichte in zwei unterschiedlichen Stilen geschrieben zu sein scheint. Zum einen, in der für Kurzgeschichten typischen knappen Ausdrucksweise, die sich allerdings nur in den Dialogen wiederfindet: „Gut, sagte Oberstelehn. Bier ist nass und kalt. Aber wir wollen einmal sehen". Zum anderen verwendet Gerd Gaiser viele Parataxen: „Es war nun völlige Nacht geworden und windstill, keine klare Nacht, denn der Himmel hatte sich bezogen, und nur schwache Sternhelle drang durch den schleierigen Behang, aber keine warme Nacht, […]" und viele Hyptaxen: „Sie ließen schippen und Kreuthauen ins morgenfeuchte Gras fallen, in dem […], welche […], um […]", wobei die Para- und Hypotaxen allesamt lang, verschachtelt und kompliziert sind. Durch die vielen Zu- und Nebensätze erfährt der Leser viel über Gründe, Folgen, Art und Weise der Handlungen der Personen. Dies entspricht nicht den Merkmalen der Sprache einer Kurzgeschichte, die typischerweise knapp, präzise und frei von unnötigen Hintergrundinformationen ist. Ferner ist die wörtliche Rede der Personen wohl überlegt und nicht umgangssprachlich wie in vielen Kurzgeschichten üblich.

Wie in der sprachlichen Analyse also herausgearbeitet, deuten das hohen Sprachniveau, die langen, verschachtelten Sätze und die vielen mit Adjektiven und rhetorischen Mitteln ausgeschmückten Beschreibungen nicht auf eine Kurzgeschichte hin.

Neben diesem Aspekt gibt es auch noch andere Punkte, die nicht für eine solche Gattung sprechen: Ein Aspekt wäre die Länge der Erzählung. Eine Kurzgeschichte reduziert sich auf das eigentliche Geschehen und ist knapp gefasst. „Brand im Weinberg" jedoch erzählt nicht nur die wesentliche Handlung, sondern gibt auch ausführliche Schilderungen der Landschaft wieder sowie eine lange Exposition, die Oberstelehns Vorgeschichte und Erinnerungen wiedergibt. Auch werden Erinnerungen in die Handlung eingefügt: „Einmal während eines Transportes […]". Auch die Wiedergabe der eigentlichen Handlung erfolgt mit vielen Nebeninformationen, wodurch diese in die Länge gezogen wird und auf den Leser langwierig wirkt.

Neben diesen gegen die Kurzgeschichte sprechenden Aspekten, sind auch Merkmale zu erkennen, die für eine solche Einordnung sprechen. „Brand im Weinberg" besitzt einen für die Gattung der Kurzgeschichte typischen unvermittelten Beginn: „Auf einem Sportplatz, den der

Krieg hatte veröden lassen, zeigten sich zwei Burschen mit Gerät bepackt". Das offene Ende ist ein weiteres dieser Merkmale: Das Ende kommt abrupt, denn Oberstelehn beschließt am Morgen nach dem Brand, das Dorf zu verlassen. Der Leser weiß nicht, wohin er geht, ob zu seiner Frau, oder ob er überhaupt noch einmal zurückkehrt. Ein weiteres Strukturmerkmal der Kurzgeschichte ist der Höhe- oder Wendepunkt. Bei der vorliegenden Erzählung ist es schwer zu sagen, ob ein Wendepunkt vorliegt, denn der Protagonist ändert weder seine Einstellung noch sein Verhalten während der Erzählung, was jedoch typisch für einen Wendepunkt ist. Jedoch kann man sagen, dass die Handlung nach den Brand des Gartenhäuschen stark abfällt, wonach hier ein eventueller Höhepunkt festzusetzen wäre: „Da sahen sie dort, wo das Kämmererhäuschen stand, eine Flamme". Doch ist dies nicht gleichzeitig auch Wendepunkt. Dieser muss in dieser Erzählung vom Höhepunkt getrennt werden, da sich das Verhalten Oberstelehns, wenn überhaupt, erst später beim Erntewagen ändert. Der Protagonist erkennt dort, dass Erinnerungen nicht nachgeholt werden können und dass aus ihm und Neß nichts werden kann, dass man eine alte Liebe nicht wieder zum Leben erwecken kann. Sein fluchtartiges Verlassen des Dorfes könnte als Verhaltensänderung angesehen werden, doch kommt sie insofern nicht überraschend, als dass Oberstelehn sowieso nicht vorhatte, zu bleiben: „Ich bin so eine Art Wanderer"; „Du bist noch da? – Ja, einen Tag oder zwei".

Zudem ist es ein Merkmal der Kurzgeschichte, dass ein alltägliches Thema behandelt wird. Dies trifft auf „Brand im Weinberg" zu, da ein kurzer Ausschnitt aus Oberstelehns Wanderung beschrieben wird.

Es gibt also einige Punkte, wie der unvermittelte Einstieg in die Handlung, das offene Ende, der Höhepunkt und der eventuelle Wendepunkte, sowie die Tatsache, dass ein Ausschnitt aus der Wanderung des Protagonisten und damit ein alltägliche Begebenheit beschrieben wird, die auf eine Kurzgeschichte hindeuten. Der Umfang der Erzählung, die langwierige Erzählweise mit vielen Nebeninformationen und die niveau- und kunstvolle Sprache sprechen jedoch dagegen. Dies ist übrigens dadurch zu begründen, dass „Brand im Weinberg" keine eigenständige Erzählung ist, sondern ursprünglich ein Kapitel des Romans „Eine Stimme hebt an" war, das Gerd Gaiser aus dem Roman löste, umschrieb und als Kurzgeschichte in einem Erzählband veröffentlichte, was erklärt, weshalb die Sprache nicht der für Kurzgeschichten typischen entspricht und weswegen kein eindeutiger Höhe- und Wendepunkt festzustellen ist.

Von der Sprache und der Langwierigkeit der Erzählung abgesehen, kann „Brand im Weinberg" jedoch durchaus als Kurzgeschichte angesehen werden, da die wesentlichen Strukturmerkmale erfüllt sind.

Deutlich wird in der Kurzgeschichte „Brand im Weinberg", dass der Krieg das Umfeld und die Einstellungen der Personen verändert, aber Vergangenes nicht nachgeholt werden kann. Gerd Gaiser zeigt mit seiner Erzählung die innere Situation, nämlich die Ratlosig- und Heimatlosigkeit und Einsamkeit, der Menschen, die sich nach dem Krieg erst in der Unordnung und Zerstörung zurechtfinden müssen.